VIENTO

SECRETOS DE LA CIENCIA

Jason Cooper
Versión en español de Aída E. Marcuse

The Rourke Corporation, Inc.
Vero Beach, Florida 32964

FOTOGRAFÍAS:
© Lynn M. Stone: Página titular, páginas 4, 12, 13, 15; © Jerry
Hennen: página 10; cortesía de NOAA, páginas 17, 18, 21; cortesía
de la NASA: página 7; cortesía de Star Clippers, Coral Gables,
Florida: página 8; © James P. Rowan: tapa.

Library of Congress Cataloging in Publication Data
Cooper, Janson, 1942 -
[Viento. Español.]
Viento / de Jason Cooper. Versión en español de Aída E. Marcuse.
      p.   cm. — (Secretos de la ciencia)
   Incluye índices
   Resumen: Provee una sencilla explicación de las causas de los
movimientos del aire, los usos de la energía del viento y fenómenos
como los huracanes y tornados.
ISBN 0-86593-322-7
   1. Vientos—Literatura juvenil. [1. Viento. Materiales en idioma
español.] I. Título. II. Series: Cooper, Jason, 1942-   Secretos de
la ciencia
QC931.4.C6618   1993
551.5´18—dc20   93-13894
                                                       CIP
                                                       AC

ÍNDICE

EL VIENTO

En una historia escrita hace mucho, mucho tiempo, el viento vivía en un palacio, hablaba, y a veces concedía deseos.

Pero en la realidad, el viento es sólo un movimiento, o moción del aire. No podemos verlo, pero sentimos su fuerza y vemos lo que hace. Y por cierto que parece hablarnos, a veces con un suave murmullo, y otras con un fuerte rugido.

Un rugiente viento marino

¿DE QUÉ ESTÁ HECHO EL VIENTO?

La superficie de la Tierra está rodeada de aire. El aire es esa sustancia insípida e inodora que respiramos.

El aire puede ser seco o húmedo, caliente o frío. Piensa en el aire como si cada clase fuera una burbuja. Las burbujas de aire se mueven: por ejemplo, una burbuja de aire caliente sube. A medida que lo hace, una burbuja de aire frío viene a ocupar su lugar.

Este movimiento de las burbujas de aire ayuda a producir viento. El movimiento de rotación de la Tierra en el espacio también produce movimientos de aire.

El planeta Tierra visto desde el espacio

LOS VIENTOS ALISIOS

En algunas partes del mundo casi siempre sopla viento. Y además, casi siempre lo hace desde la misma dirección.

Algunos de esos vientos constantes que soplan sobre los océanos son llamados **vientos alisios.** Solían hacer que los barcos que transportaban mercaderías de un país a otro cruzaran rápidamente el mar.

Los vientos alisios aún hoy mueven a los barcos ligeros modernos

LA ENERGÍA DEL VIENTO

El viento es como una mariposa; va de un lado a otro a su antojo. Y, como un caballo salvaje, rebosa **energía.**

La energía del aire, el viento, es una fuerza poderosa. Si capturamos al viento, podemos utilizar su energía, o poder, para nuestros fines.

Los molinos de viento capturan la energía del viento

El viento hace flamear las banderas de los países

Los pelícanos utilizan la energía del viento para levantar el vuelo

LOS MOLINOS DE VIENTO

Los molinos de viento son construídos especialmente para atrapar la energía del viento. Los hay de varios tamaños y estilos, pero todos ellos tienen velas o paletas para que el viento las empuje.

A medida que el viento hace mover las velas o las paletas, otras partes del molino se ponen en marcha. Así, éste puede usar la energía del viento para bombear agua o impulsar una máquina que produce electricidad.

*Molino de viento
de estilo holandés*

PARA MEDIR EL VIENTO

La **veleta** gira con el viento y señala en qué dirección está soplando -norte, sur, este u oeste -.

El **anemómetro** mide la rapidez con que el viento sopla. A nivel del suelo, el viento puede soplar a una velocidad y desde una dirección distinta a aquella en que lo hace el viento que sopla más arriba.

Tanto las veletas como los anemómetros se usan para predecir el tiempo.

Un anemómetro en el Centro Nacional de Huracanes, Florida

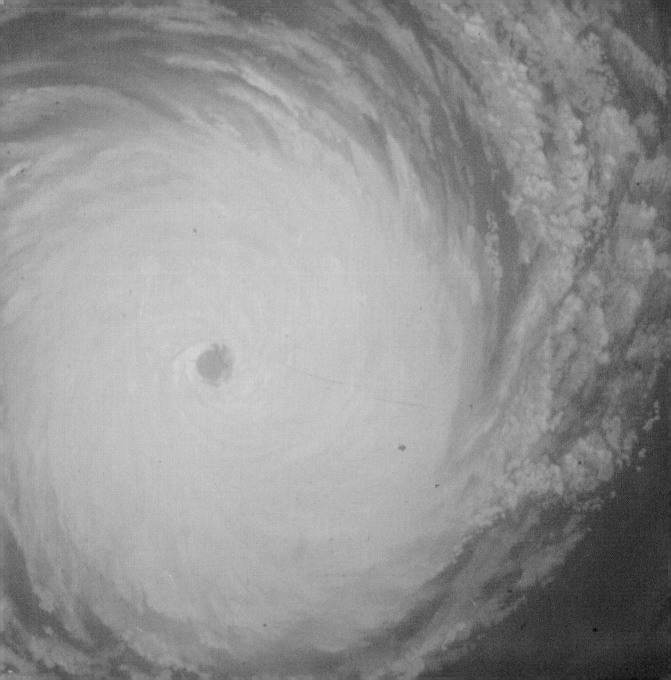

LOS HURACANES

Cuando un anemómetro dice que la velocidad del viento es de 75 millas (124 kilómetros) por hora, o más, significa que el viento tiene la fuerza de un **huracán.**

Un huracán es una tormenta muy poderosa y lluviosa que se forma sobre aguas de mar cálidas. La mayoría de los huracanes en los Estados Unidos se forman en el océano Atlántico.

Como una peonza, a medida que se mueve, el huracán gira rápidamente y se arremolina. Pero su centro, llamado **ojo,** se mantiene calmo.

Un huracán puede medir 450 millas (740 kilómetros) de diámetro, durar casi dos semanas, avanzar cientos de kilómetros y causar terribles daños.

Una composición artística de un huracán y su "ojo"

LOS TORNADOS

A diferencia del huracán, un tornado generalmente dura menos de una hora, y su trayectoria no es más ancha que el largo de una cancha de fútbol.

Un tornado es una tormenta de viento giratoria y violenta, que se forma y desarrolla en las nubes de tormenta. Aparece como una nube negra, en forma de embudo, que se precipita a tierra.

Cuando un tornado toca tierra, suele destruir todo lo que encuentra al paso. La velocidad del viento de un tornado probablemente es de varios cientos de kilómetros por hora dentro del embudo.

Un tornado precipitándose en giros violentos hacia la tierra

MÁS TORMENTAS DE VIENTO

Algunos tornados se forman sobre el agua. En esos casos, se los llama **trombas marinas.**

Las **depresiones tropicales** son fuertes y lluviosas tormentas cuyos vientos casi alcanzan la fuerza de un huracán. Sólo ocurren en áreas cálidas, como el sur de la Florida.

Las tormentas de arena levantan al aire nubes de polvo y arena en las regiones desérticas. Como la tormenta de arena transporta consigo esos materiales por donde va pasando, puede hacer que el día se vuelva tan oscuro como si fuera de noche.

Glosario

anemómetro (a-ne-mó-me-tro) — instrumento que mide la
velocidad del viento

depresión tropical (de-pre-sión tro-pi-cal) — tormentas fuertes y
lluviosas que se producen en regiones cálidas, con vientos de
casi 75 millas (124 kilómetros) por hora

energía (e-ner-gía) — potencia, fuerza para trabajar

huracán (hu-ra-cán) — poderosa tormenta de viento con fuertes
lluvias y un viento de por lo menos 75 millas (124 kilómetros)
por hora

ojo (o-jo) — la parte calma de un huracán, el centro

tromba marina (trom-ba ma-ri-na) — un tornado que se forma
sobre una gran área marina

veleta (ve-le-ta) — aparato usado para decir en qué dirección
sopla el viento

vientos alisios (vien-tos a-li-sios) — grupo de vientos estables
que soplan de este a oeste en una dirección, y de oeste a este
a lo largo de otra

ÍNDICE ALFABÉTICO